Ein Leben mit Gott ist total spannend

Anna Christine Berghaus

Impressum

Titel: Ein Leben mit Gott ist total spannend

Untertitel: Wie alles begann

Autorin: Anna Christine Berghaus

Cover :   Anna Christine Berghaus

Korrektorat: Sigrid Mona Engels

Copyright: © 2024 Anne Berghaus

ISBN: 978-3-7597-3361-0

Verlag: BoD • Books on Demand GmbH, In de
Tarpen 42, 22848 Norderstedt

Druck: Libri Plureos GmbH, Friedensallee 273,
22763 Hamburg

Dir liebe **Sigrid Mona Engels** möchte ich danken
für die Korrektur in diesem Büchlein.

Inhaltsverzeichnis

Vorwort

Mein Name ist Anne Berghaus und von Beruf war ich Altenpflegerin. Viele Jahre habe ich in verschiedenen Häusern in der sozialen Betreuung und in der Seelsorge gearbeitet.

Mir ist es ein großes Anliegen, dass alle Menschen die Möglichkeit haben, mit der „Frohen Botschaft" von Jesus Christus in Kontakt zu kommen. Nach Johannes 1, 12 kann jeder Mensch ein Christ werden, wenn er Jesus in seinem Leben aufnimmt.

Schon früh und auch immer wieder hat Gott in mein Leben eingegriffen und es in gute Bahnen gelenkt. Dieses Eingreifen Gottes, das ich in meinem Leben erfuhr, führte dazu, dass ich überlebte und dass ich das geworden bin, was ich heute bin.

Ein Leben mit Gott ist sehr spannend und wird auch niemals langweilig. Wenn wir Gottes Wort vernehmen und er zu uns redet, dann ist es die Person des Heiligen Geistes, die zu uns spricht. Als Christus zum Vater zurückkehrte, sandte er seinen Heiligen Geist und sagte: „Er wird euch führen und in alle Wahrheit leiten."

Anne Berghaus

Gott macht das Krumme gerade

Wenn ich auf mein Leben zurückblicke, dann sehe ich, dass ich immer wieder erfahren durfte, dass Gott mir Herzenswünsche erfüllte. Es geschah nicht immer sofort und auch nicht immer so, wie ich es mir vorgestellt hatte.

Ein Herzenswunsch meines Leben war, einen Beruf zu erlernen, der sich im sozialen Bereich ansiedelt und mit Menschen zu tun hatte. Dieser Herzenswunsch begann sich zu erfüllen, als ich in meinem Leben Schiffbruch erlitt. Unsere Ehe zerbrach und Manfred, mein erster Mann, ging zu einer anderen Frau.

Das Arbeitsamt gewährte mir einen Bildungsgutschein über eine Ausbildung zur Altenpflegerin. Diese Ausbildung begann ich im Alter von 43 Jahren. Die Ausbildung dauerte drei Jahre. Für mich war diese Ausbildung eine sehr, sehr segensreiche Zeit. Meine Ausbildungsstätte war das Caritas Bildungswerk in Ahaus-Wessum.

Dieser Ort war für mich wie ein Mutterhaus. Dort erlebte ich Geborgenheit durch die Lehrerschaft und durch die Mitschüler. Wir hatten eine sehr gute Klassengemeinschaft und es entstanden auch persönliche Freundschaften. Von dort aus wurden wir immer wieder für die praktische Ausbildung in verschiedene Einrichtungen ausgesandt.

Einer meiner Lieblingssprüche aus der Bibel ist folgender: Befiehl dem Herrn deine Wege und vertraue auf ihn, so wird er dir geben was dein Herz begehrt.

Eine andere Bibelübersetzung drückt das so aus:

Psalm 37, Vers 4 Gute Nachricht Bibel

„Suche dein Glück beim Herrn er wird dir jeden Wunsch erfüllen."

Als ich ungefähr dreizehn oder vierzehn Jahre alt war, war ich schwermütig und Gedanken quälten mich, nicht mehr leben zu wollen. Eines Tages, als ich dunkle Gedanken hatte, ging ich auf den Dachboden, legte einen Gürtel um meinen Hals und dachte, wie es wohl wäre, zu sterben.

Dann hatte ich eine Begegnung mit Gott. Ich kann es nicht anders sagen. In mir war ein Lied und ich sang dieses Lied. Text und Melodie waren da. Der Text des Liedes lautet: „Im Grunde genommen ist das Leben nur eine kleine Prüfung, um das man in Gottes Reich einkehren kann." Dieses Lied sang ich immer und immer wieder. Es veränderte meinen Sinn und meine Gedanken. Mein Leben nahm von da an eine positive Wendung.

Ich fand Freundschaften in der CAJ, der christlichen Arbeiter-Jugend, und begann eine Ausbildung als Verkäuferin in dem Betrieb meiner Eltern. In der CAJ erlebte ich eine sehr schöne Zeit. Wir hielten Gruppentreffen für junge Menschen ab. Dort fühlte ich mich sehr wohl. Auch der Glaube spielte eine große Rolle. Es wurden Jugendgottesdienste durchgeführt, die mir sehr gut gefielen.

In dieser Zeit gab es eine christliche Jugendband: die Peter Janssens Band. Ein Lied von dieser Band hat mich bis heute nicht losgelassen.

Der Titel des Liedes lautet:

Die Sache Jesu braucht begeisterte Menschen. Sein Geist sucht sie auch unter uns.

Der Text stammt vom Priester Alois Lorenz Albrecht und vertont wurde es von Peter Janssens.

Als ich ungefähr siebzehn Jahre alt war, gab es wieder eine Zeit der Schwermut in meinem Leben. Ich ging mit dunklen Gedanken spazieren. Unterwegs begegnete ich einer Frau mit einem Kind. Dieses Kind war etwa zwei Jahre alt und schaute mich an. Der Blick ging mir durch Mark und Bein. Ich hatte das Gefühl: „Gott schaut mich durch diese Kinderaugen an." Dieses Erlebnis hatte eine große und positive Wirkung auf mich. Mein Leben nahm wieder eine gute Wendung.

Im Tennis-Club lernte ich Maria kennen, die eine gute Freundin von mir wurde. Durch Maria lernte ich meinen späteren Ehemann Manfred kennen. Im Jahre 1983 heirateten wir und bekamen gemeinsam drei Kinder. Die Jahre zwischen unserem zweiten Kind, Lena, 1986, und unserem dritten Kind, Julia, 1991, waren für mich sehr schicksalhafte Jahre. Mein Mann Manfred und ich entwickelten uns in verschiedene Richtungen. Unsere Ehe war schwierig und ich fühlte mich mit den Kindern alleine gelassen. Manfred liebte den Fußball und seinen Stammtisch und das Angeln gehörte auch zu seinen Hobbys.

In dieser Zeit lernte ich Jesus Christus persönlich kennen. Mein Leben war völlig neu: Ich war Mutter geworden und hatte Verantwortung für die Kinder. Die Hausarbeit ging mir nicht gut von der Hand und ich musste mir alles mühselig erarbeiten. In meinem Job als Verkäuferin hatte ich Erfolg und Anerkennung gehabt, das fehlte mir.

Meine Schwester Hilla erzählte mir von Jesus und von der Bibel. Zuerst dachte ich, dass meine Schwester verrückt geworden sei, weil sie nur noch von Jesus redete. Aber ich spürte immer mehr in mir das Verlangen, Gott zu suchen. Ich wollte mit Gott leben. Gott war mir schon immer wichtig gewesen und durch mein katholisches Elternhaus wusste ich auch viel über Gott. Aber in meinem täglichen Leben spielte Gott keine Rolle.

Ich begann in der Bibel zu lesen. Das dritte Kapitel im Johannes Evangelium interessierte mich besonders. Es fängt mit diesem Vers an:

„Am Anfang war das Wort. Das Wort war bei Gott und in allem war es Gott gleich."

Wenn Gott selber das Wort ist, dann haben wir durch das Bibellesen direkten Kontakt zu Gott. Das ist echt gewaltig. Der große und allmächtige Gott, der Himmel und Erde erschuf, will mit uns Menschen in Kontakt treten. Er will zu mir, Anne, eine persönliche Beziehung haben. Gott sucht den Kontakt zu jedem Menschen. Jeder Mensch wird von Gott geliebt und wertgeschätzt.

Jesus und Nikodemus

Auch das Gespräch mit Nikodemus machte mich neugierig.
Johannes-Evangelium, Kapitel 3, Vers 1-12

Einer von den Pharisäern war Nikodemus, ein Mitglied des jüdischen Rates. Eines Nachts kam er zu Jesus und sagte zu ihm: „Rabbi, wir wissen, dass Gott dich gesandt und dich als Lehrer bestätigt hat. Nur mit Gottes Hilfe kann jemand solche Wunder vollbringen, wie du sie tust." Jesus antwortete: „Amen, ich versichere dir: Nur wer von oben her geboren wird, kann Gottes neue Welt zu sehen bekommen." „Wie kann ein Mensch geboren werden, der schon ein Greis ist?", fragte Nikodemus. „Er kann doch nicht noch einmal in den Mutterschoß zurückkehren und ein zweites Mal auf die Welt kommen!" Jesus sagte: „Amen, ich versichere dir: Nur wer von Wasser und Geist geboren wird, kann in Gottes neue Welt hineinkommen. Was Menschen zur Welt bringen, ist und bleibt von menschlicher Art. Von geistlicher Art kann nur sein, was vom Geist Gottes geboren wird. Wundere dich also nicht, dass ich zu dir sagte: Ihr müsst alle von oben her geboren werden. Der Wind weht, wo es ihm gefällt. Du hörst ihn nur rauschen, aber du weißt nicht, woher er kommt und wohin er geht. So geheimnisvoll ist es auch, wenn ein Mensch vom Geist geboren wird." „Wie ist so etwas möglich?", fragte Nikodemus. Jesus antwortete: „Du bist ein anerkannter Lehrer Israels und weißt das nicht? Amen, ich versichere dir: Wir sprechen über Dinge, die wir kennen, und bezeugen das, was wir gesehen haben. Aber keiner von euch ist bereit, auf unsere Aussage zu hören. Wenn ich zu euch über die irdischen Dinge rede und ihr mir nicht glaubt, wie werdet ihr mir dann glauben, wenn ich über die himmlischen Dinge mit euch rede?"

Johannes 1, Vers 12
Aber allen, die ihn aufnahmen (Jesus) und ihm Glauben schenkten, verlieh er das Recht, Kinder Gottes zu werden.

Jeremia 29, Vers 13-14
Gott spricht: Ihr werdet mich suchen und werdet mich finden. Denn wenn ihr mich von ganzem Herzen sucht, werde ich mich von euch finden lassen. Das sage ich, der HERR.

Der Wendepunkt in meinem Leben

Es war die Zeit um Ostern 1987. Ich betete ungefähr so:

„Herr Jesus Christus, ich bitte dich, komm in mein Leben, denn ich möchte ab jetzt mit dir leben."

Das schlug wie eine Bombe bei mir ein. Ich spürte die Kraft Gottes. Die Hausarbeit ging mir leichter von der Hand, ich war geduldiger mit den Kindern und spürte Freude und Frieden in mir.

Ich war ein Kind Gottes geworden und hatte Frieden gefunden.

Ich fing an Dinge in meinem Leben in Ordnung zu bringen. Zuerst begann ich die Beziehung zu meiner Schwester Hilla zu ordnen. Ich war als viertes von neun Kindern aufgewachsen. Meine Schwester Hilla war das fünfte Kind und wurde, als sie zwei Jahre alt war, zur Großmutter gegeben. Sie kam mit zwölf Jahren wieder in unsere Familie zurück. Meiner Meinung nach wurde Hilla bei der Oma immer verwöhnt. In Wirklichkeit wurde sie geliebt und behütet und das rief bei mir Neid hervor. Wo ich nur konnte, erniedrigte und demütigte ich Hilla. Als ich älter wurde, wollte ich das nicht mehr tun. Aber immer, wenn ich Hilla sah, fühlte ich einen Stich in meinem Herzen. Ich hatte eine Abneigung gegen sie.

Als ich zum Glauben kam, habe ich Jesus für diese Haltung um Vergebung gebeten. Und ich bat auch Hilla um Vergebung. Dann geschah das Wunder. Der Stachel wurde aus meinem

Herzen gezogen. Die Abneigung und der Neid waren weg. Jesus hatte mich freigemacht.

In den folgenden Jahren erfuhr ich durch Seelsorge und das Wirken des Heiligen Geistes innere Heilung und Frieden von tiefen Wunden, die aus der Kindheit stammten.

Was ist ein Hauskreis?

In der Zeitung las ich eine Anzeige, darin stand: Wir sind ein Hauskreis, uns geht es um Jesus Christus. Als ich diese Anzeige zum zweiten Mal gelesen hatte, fasste ich allen Mut zusammen und rief an. Eine freundliche Frauenstimme lud mich zu einem Hauskreis in Ahaus ein.

Dieser Hauskreis fand in einem großen Wohnzimmer statt. Es waren ungefähr fünfzehn Personen zugegen. Sie sangen christliche Lieder. Dann gab es eine Zeit der freien Anbetung. Jeder hatte eigene Gebete formuliert und betete zu Gott. Nach den Gebeten wurde ein Text aus der Bibel vorgelesen und eine kleine Predigt gehalten. Gegen Ende des Hauskreises wurde für persönliche Anliegen gebetet. Zum Beispiel um eine neue Arbeitsstelle, um Heilung einer Krankheit, um Versöhnung aus Streitigkeiten usw. Diese Form von Gottesdiensten war mir fremd, aber trotzdem fühlte ich mich wohl. Ich spürte Gottes Gegenwart. Nach einiger Zeit ging ich immer öfter zu diesem Hauskreis. Eine Beziehung zu diesen Leuten baute sich auf. Ich lernte auch immer mehr über Gott, den Vater, den Sohn und den Heiligen Geist, dazu. All diese Dinge konnte man in der Bibel lesen.

Die Bibel wurde zu dem wichtigsten Buch in meinem Leben.

Aus diesem Hauskreis entstand eine freie christliche Gemeinde, der ich ungefähr zwanzig Jahre lang angehörte. Für mich war die Zeit in dieser Gemeinde eine sehr segensreiche Zeit. In diesem Hauskreis erzählten einige Personen, dass Gott ihnen in bestimmten Situationen geholfen hätte.

Ein Mann erzählte, dass er frei von Ängsten geworden sei. Jemand anderes, dass er früher oft gestohlen habe. Er bat Gott um Vergebung und Gott sagte zu ihm, dass er sein Vergehen wieder in Ordnung bringen solle. Er ging zu den Personen, die er bestohlen hatte, und redete mit ihnen und handelte eine Wiedergutmachung aus. Einige erwähnten auch Heilungen im gesundheitlichen Bereich.

Mein Vertrauen zu Gott wurde immer größer. Ich sprach täglich mit ihm. Eines Tages betete ich zu Jesus und bat ihn: „Bitte Herr Jesus, befreie mich vom Rauchen. Bitte vergib mir auch, dass ich mit dem Rauchen meinen Körper geschädigt habe." Ich spürte eine Freude in mir und musste nicht mehr rauchen. Ich war von dieser Sucht befreit. Das geschah im Jahre 1988. Ich war zirka 10 Jahre lang eine starke Raucherin gewesen. Nun hatte Jesus mich freigemacht. Halleluja. Die Ehre dafür sei Gott dem Herrn. Im besagten Hauskreis lernte ich auch die Seelsorgerin Hanna Kesting kennen.

Innere Heilung von seelischen Verletzungen

Der Auslöser des Heilungsprozesses war, dass ich immer mehr Angst vor Menschen bekam, die für mich Autoritätspersonen darstellten. Eines Tages geriet ich in eine Polizeikontrolle. Es war alles in Ordnung, die Polizei kontrollierte meinen Führerschein, dann konnte ich weiterfahren. Ich fuhr weiter, doch dann begann ich am ganzen Körper zu zittern. Ich musste mit dem Auto an den Straßenrand fahren und anhalten, denn ich benötigte Zeit, um mich wieder zu beruhigen, bevor ich weiterfahren konnte. Eine andere Situation: Von weitem sah ich eine Person, die für mich eine Persönlichkeit war. Ich begann wieder zu zittern. Ich hatte einen Kloß im Hals und es fiel mir schwer, zu sprechen! In einem dieser Hauskreis-Treffen bat ich im Gebet um eine Lösung für dieses Problem. Als ich von meinem Problem berichten wollte, fing ich an zu zittern und zu stottern, mir wurde auch ganz kalt. Ich konnte kaum sprechen, ich sagte nur: „Ich habe Angst." Zwei oder drei Personen beteten für mich, dass ich von dieser Angst frei werden würde. Hanna Kesting war eine von diesen Personen, die für mich beteten.

Hanna bot mir seelsorgerische Gespräche an. Diese Hilfe nahm ich gerne an. In der Folge erinnerte ich mich an einige Kindheitserlebnisse. Als ich ungefähr neun Jahre alt war und in die Grundschule ging, machte ich eine schwierige Zeit durch. Ich war Einzelgängerin und wurde von den Mitschülern ausgegrenzt. Eine Mitschülerin und ein Mitschüler waren sehr böse zu mir. Sie nahmen mir die Schultasche weg und schauten nach, ob ich die Schulaufgaben gemacht hatte. Weil ich die Schulaufgaben meistens nicht gemacht hatte, gingen diese Mitschüler zu unserem Lehrer und verpetzten mich. Dieser Lehrer schlug mich oft. Oft gab es Ohrfeigen rechts und links ins Gesicht. Einmal schlug der Lehrer mich so fest, dass ich vom Stuhl fiel.

Zuhause schmiss ich die Schultasche in die Ecke und kümmerte mich nicht weiter darum. Meinen Eltern fiel es nicht auf, dass es mir in der Schule schlecht ging.

In dieser Zeit wurden meine jüngsten Geschwister geboren, die Zwillinge Peter und Klaus. Es waren die Kinder Nummer acht und neun in unserer Familie und für meine Eltern eine sehr große Herausforderung. Einmal hatten mehrere Kinder gleichzeitig Keuchhusten und unsere Mutter bekam nachts kaum Schlaf. Sie musste sich Tag und Nacht um die Kinder kümmern, außerdem waren da noch das Geschäft und die Bäckerei. Die Arbeit nahm für unsere Eltern kein Ende. Unsere Mutter führte ein strenges Regiment. Trotz allen Schwierigkeiten bemühte sie sich aber immer sehr, um uns alles, was nötig war, zu geben. Sie bereitete immer ein schönes Weihnachtsfest vor. Es wurde immer gut und lecker gekocht. Sonntags machten wir oft sehr schöne Ausflüge und einmal im Jahr fuhren wir für einen Tag an die Nordsee. Ich bin meinen Eltern sehr dankbar für alles, was sie für uns taten. Oft war es für unsere Eltern ein Überlebenskampf. Auch wenn Eltern sich sehr bemühen, kann trotzdem Mangel entstehen.

Ich erinnerte mich an Situationen, an die ich mich gar nicht erinnern wollte: einen entfernten Verwandten, der sexuell über-griffig wurde. Diese Erlebnisse führten zu einem Albtraum, der immer wiederkehrte. Der Albtraum war ungefähr so: Jemand verfolgte mich, ich lief weg, meine Beine versagten den Dienst und ich kam nicht von der Stelle. Die Person, die mich verfolgte, kam immer näher, ich spürte nur noch Angst, dann wurde ich endlich wach… Dieser Traum quälte mich einige Jahre lang. Mit diesen Erlebnissen ging ich in die Seelsorge zu

Hanna Kesting. Die Seelsorge lief wie folgt ab. Ich erzählte einzelne Erlebnisse. Es tat mir gut, darüber zu sprechen. Gott hatte mir vor diesen Gesprächen schon gesagt, dass der Schlüssel zu meiner Heilung in der Vergebung liegen würde. Am Ende einer solchen seelsorgerlichen Sitzung beteten wir zusammen. Ich vergab dem Menschen, die sich an mir versündigt hatten, und brachte es im Gebet zu Gott. Im Anschluss betete Hanna für mich um innere Heilung. Dieser Prozess erfolgte über einen längeren Zeitraum. Nachts kamen immer wieder verschiedene Erlebnisse in mir hoch, ich weinte und spürte die Gegenwart Gottes sehr nah. Es war so, als ob das Schwere und Belastende, das in meiner Seele war, aus ihr herausfließen würde. Gleichzeitig floss die spürbare Liebe Gottes in mich hinein. Ich spürte sie wie ein warmer Strom.

Es war eine Zeit der inneren Heilung. Auch in dem Gebet „Vater unser im Himmel" finden wir eine Anweisung, um heil zu werden. „Vergib uns unsere Schuld, wie auch wir vergeben unseren Schuldigern!" Ich lernte immer mehr, Gottes Worte zu verstehen. Der Heilige Geist zeigte mir, dass mein himmlischer Vater sich meiner erbarmte und in meine Schullaufbahn eingegriffen hatte. Als ich von der Grundschule in die 5. Klasse der Hauptschule kam, sollte eine entfernte, verwandte Lehrerin die Klasse übernehmen, in der ich und meine Mitschüler waren. Aus verwandtschaftlichen Gründen lehnte sie es aber ab, mich zu unterrichten. Sie hätte die Parallelklasse übernehmen können, aber nein, ich wurde aus der Klasse herausgenommen und kam in die Parallelklasse.

Dieser Vorfall war ein neuer Start in der Schule, den Gott mir schenkte. Unsere Lehrerin, die sich meiner annahm, hieß Frau

A. In den schulischen Leistungen hinkte ich hinterher. Die Lehrerin sprach mit meinen Eltern und danach erhielt ich Nachhilfeunterricht. Bis zum 7. Schuljahr konnte ich alle Mängel aufholen. In dieser Schulklasse fand ich auch Freundinnen. Ich wurde Teil der Gemeinschaft. Ein weiteres Problem war das Lispeln, denn ich hatte Schwierigkeiten mit den s-Lauten. Auch für dieses Problem war meine Lehrerin da. Sie machte mit mir Sprachübungen und die Therapie war erfolgreich. Nach und nach fiel das Lispeln weg. Diese Lehrerin war auch eine gläubige Christin. In dem Religionsunterricht las sie uns aus der Bibel vor. Die Geschichten von Abraham und David gefielen mir sehr gut. Wir lernten auch ein Lied über Abraham. Der Text war so: „Abraham zieh fort, zieh fort, zieh aus deinem Vaterlande, denn ich habe dir geboten, ziehe fort im meinem Wort!"

Gott sprach zu diesen Menschen und das können wir in der Bibel nachlesen. Man kann Gott hören und man kann mit Gott sprechen. Das hat sich tief bei mir eingeprägt. So wie Gott Abraham führte, so führte Gott auch mich: in den Hauskreis hinein und in die Gemeinde nach Ahaus. Ich bin Gott sehr dankbar für diese Zeit der inneren Heilung, für die Zeit in der Gemeinde in Ahaus und in den verschiedenen Hauskreisen. Für mich war die Zeit in dieser Gemeinde eine sehr segensreiche Zeit.

Die Hilfe kam durch meine Schwiegermutter

Nach der Geburt unseres dritten Kindes, Julia, im Jahre 1991, ging es mir wieder schlecht. Ich hatte eine Art von Kindbettdepression. Ich sah die Arbeit, aber ich konnte sie nicht ausführen. Der Tisch musste abgeräumt werden, aber ich war wie gelähmt und die normale Hausarbeit war nicht möglich. In dieser Situation schrie ich zu Gott um Hilfe, dann las ich in der Bibel.

Im Psalm erhielt ich von Gott eine Antwort.

Psalm 34, Vers 15-20 15

Kehrt euch vom Bösen ab und tut das Gute! Müht euch mit ganzer Kraft darum, dass ihr mit allen Menschen in Frieden lebt! 16 Der HERR hat ein offenes Auge für alle, die ihm die Treue halten, und ein offenes Ohr für ihre Bitten. 17 Denen, die Böses tun, widersteht er und lässt die Erinnerung an sie mit ihnen sterben. 18 Doch wenn seine Treuen rufen, hört er sie und rettet sie aus jeder Bedrängnis. 19 Wenn sie verzweifelt sind und keinen Mut mehr haben, dann ist er ihnen nahe und hilft. 20 Wer dem HERRN treu bleibt, geht durch viele Nöte, aber aus allen befreit ihn der HERR.

Der Vers 20 sprach mich besonders an. „Wer dem Herrn treu bleibt, geht durch viele Nöte, aber aus allen befreit ihn der Herr."

Ich spürte, dass die Hilfe Gottes kommen würde. Diese Hilfe kam durch meine Schwiegermutter zu mir. Im Verlauf des nächsten halben Jahres kam sie jeden Morgen zu mir. Sie blieb bis Nachmittags und fuhr dann wieder nach Hause. Wir erledigten gemeinsam die Hausarbeit und kümmerten uns um die Kinder. Michael ging in die 1. Klasse, Lena ging in den Kindergarten und das Baby Julia wurde von mir gestillt. Es war eine schöne Zeit mit den Kindern und mit meiner

Schwiegermutter. Langsam kam ich wieder zu Kräften und konnte meine Hausarbeit alleine bewältigen. Für diese Zeit, bin ich Gott und Ilse sehr dankbar.

Gott fördert mich durch eine besondere Aufgabe

Als unser drittes Kind, Julia, in den Kindergarten kam, sprach Gott zu mir. Er sagte: „Lass dich in den Elternrat von Julias Kindergarten wählen!" Dieses Reden vernahm ich in meinen Gedanken deutlich und nahm sie mir zu Herzen. Ich hatte Angst vor dieser Herausforderung, denn wie sollte das geschehen. Ich fühlte mich immer minderwertig und abgelehnt und nun sollte ich mich in den Elternrat wählen lassen. Innerlich nahm ich diese Herausforderung an. Als der Elternabend kam, wurde gefragt, wer sich zur Wahl stellen wollte. Niemand meldete sich und mein Herz klopfte laut. Nach einiger Zeit sagte eine Frau M.: „Ich will die Aufgabe wohl übernehmen, aber nur als zweite Vorsitzende."

Mein Herz klopfte immer lauter und ich merkte, dass ich herausgefordert war. Ich fasste Mut und meldete mich für diese Aufgabe. Unter Applaus wurde ich zur ersten Vorsitzenden in den Elternrat gewählt.

In diesem Kindergartenjahr erlebten wir sehr schöne Dinge. Unter anderem wurde eine integrative Gruppe geschaffen. Diesen Weg hatte Gott für mich vorgesehen, um mich und meine Persönlichkeit zu heilen und mich reifer zu machen.

In Julias zweitem Kindergartenjahr wurde ich wieder zur ersten Vorsitzenden gewählt. Damals gab es eine besondere

Herausforderung für mich. Die Erzieherinnen des Kindergartens hatten sich mit dem katholischen Pfarrer überworfen. Es kam zum Zerwürfnis. Der Pfarrer wollte nicht mehr in diesen Kindergarten kommen. Eine Zusammenarbeit war nicht mehr möglich. Ich wurde gebeten, mit dem Pfarrer Friedensgespräche zu führen. Als ich zu dem Pfarrer ging und ihm sagte, dass ich von dem Franziskus Kindergarten kommen würde, da war sein Gesicht wie versteinert. Dann sagte ich zu ihm, dass ich in friedlicher Absicht kommen würde. Ich konnte sehen, wie die Versteinerung in seinem Gesicht aufbrach und abfiel. Durch meine Vermittlung kam es unter meiner Leitung zu einem Friedensgespräch. Der Pfarrer und die Erzieherinnen reichten sich die Hände und es begann, unter anderen Voraussetzungen, eine neue Zeit der Zusammenarbeit. An dieser Aufgabe konnte ich wachsen und meine Persönlichkeit reifer werden.

Kann man Gott zu sich reden hören?

Zunächst einmal: Es gibt nur wenige Menschen, welche die Stimme Gottes tatsächlich akustisch gehört haben! Die Bibel berichtet über solche Ereignisse und es passiert auch immer wieder aber es ist nicht der Alltag. Meistens spricht Gott viel leiser zu uns.

Oft sind es Gedanken, von denen man spürt oder weiß, dass sie mehr sind als die eigenen Gedanken oder irgendwelche Stimmen.

Oder Gott spricht zu einem beim Bibellesen durch Worte aus der Bibel. Auf einmal springt einen eine bestimmte Bibelstelle an und ist die Antwort auf ein Problem oder auf eine Frage, die man mit sich herumträgt.

Auch Bilder oder Träume können von Gott sein und uns helfen.

Manchmal spricht Gott auch durch Lebensumstände zu uns.

Es können auch Begegnungen mit Engeln sein, denn Engel sind dienstbare Wesen, die Gott sendet, um uns zu helfen.

Es gibt nichts, wodurch Gott nicht reden könnte. In der Bibel sprach Gott einmal sogar durch einen Esel zu einem Menschen.

Wie kann man lernen, Gottes Reden zu hören?

Man kann üben, auf Gottes Worte zu hören. Zu diesem Zweck braucht es Ruhe und Zeiten, in welchen man Gott seine Gedanken mitteilt oder in der Bibel liest. Es dauert in der Regel etwas länger, bis man irgendwelche Stimmen von Gottes Stimme unterscheiden kann.

Ein starkes Versprechen

Johannes-Evangelium, Kapitel 10, Vers 27–28.

Jesus hat allen, die mit ihm leben, ein sehr starkes Versprechen gegeben.

„Ich gebe ihnen das ewige Leben und sie werden niemals umkommen. Niemand kann sie mir aus den Händen reißen, weil niemand sie aus den Händen meines Vaters reißen kann."

Ein Leben mit Gott ist sehr spannend. Nach der Zeit meiner inneren Heilung wurde ich wieder von jenem Albtraum heimgesucht: Jemand verfolgte mich, ich lief weg, meine Beine versagten den Dienst und ich kam nicht von der Stelle. Die Person, die mich verfolgte, kam immer näher, ich spürte nur noch Angst, dann rief ich im Traum ganz laut: „Jesus hilf mir", und drehte mich um und kämpfte mit der Person. Ich war auf einmal stark. Ich konnte den Verfolger überwältigen. Nach diesem Erlebnis kehrte dieser Traum nie wieder zurück. Jesus kam in die Tiefen meines Unterbewusstseins hinein und machte mich auch da heil. Ich bin Gott von ganzem Herzen dankbar. Ohne Gottes Eingreifen, wäre ich nicht fähig gewesen, mein Leben zu leben. Immer wieder lenkte Gott mein Leben in gute Bahnen.

Ein weiterer Herzenswunsch in meinem Leben war: Ich hatte mir schon lange einen Ehemann gewünscht, der auch an Gott glaubt. Meinen zweiten Mann Friedhelm lernte ich in der Ahauser Gemeinde kennen. Freunde hatten ihn mit in die Gemeinde gebracht, weil seine Frau kurze Zeit zuvor gestorben war. Er sollte in dieser Gemeinde Trost und Hilfe finden. Trost und Hilfe fand er bei Gott. Nach einer bestimmten Zeit fanden wir uns.

Jesus ist der Weg zum Vater

Johannes-Evangelium 14, Vers 6

Jesus antwortete: "Ich bin der Weg, denn ich bin die Wahrheit und das Leben. Einen anderen Weg zum Vater gibt es nicht."

Johannes 14, Vers 2

Im Haus meines Vaters gibt es viele Wohnungen, und ich gehe jetzt hin, um dort einen Platz für euch bereitzumachen. Sonst hätte ich euch doch nicht mit der Ankündigung beunruhigt, dass ich weggehe.

Johannes 1, Vers 12

Aber allen, die Jesus aufnahmen und ihm Glauben schenkten, verlieh er das Recht, Kinder Gottes zu werden.

Gebet

Herr Jesus Christus, ich bitte Dich, komm in mein Leben, ich möchte mit Dir leben und von Dir lernen.

Bitte vergib mir alle meine Schuld und hilf mir, denen zu vergeben, die an mir schuldig geworden sind.

Du hast versprochen immer bei mir zu bleiben, auch in der Stunde meines Todes. Ich darf in Ewigkeit bei Dir leben.

So wie Jesus auferstanden ist, so werde auch ich auferstehen. Das Schönste liegt noch vor mir. Ewiges Leben im Himmel.

Amen

Praktische Gebetsanregungen von Joyce Meyer

Beten ist nicht kompliziert. Sag Gott, was dich beschäftigt, sprich mit ihm so, wie du mit einem guten Freund sprechen würdest. Diese 5 einfachen Tipps sollen dir dabei helfen, leicht einen Zugang zu ihm zu bekommen.

1. Finde den richtigen Ort Such dir einen ruhigen, bequemen Platz zum Beten. Es wird dir leichter fallen, innerlich still zu werden und dich auf Gott zu konzentrieren.
2. Nimm dir Zeit Gott hört auch deine Ein-Wort-Gebete, aber er freut sich, wenn du dir mehr Zeit für das Gespräch mit ihm nimmst. Plane deine Zeit mit Gott, so wie du eine Verabredung mit deinen Freunden planst.
3. Sprich Gott mit „du" an Gott kennt dich durch und durch, besser als jeder Mensch. Du darfst also ganz unbefangen zu ihm kommen.
4. Nimm die Bibel zur Hilfe. Wenn du nicht so geübt bist im Formulieren eines persönlichen Gebets, kannst du auf die Bibel zurückgreifen. Bete das Vaterunser und füge deine eigenen Gedanken hinzu. Such dir einen Psalm, der zu deiner Situation passt und bete ihn zu Gott.
5. Finde dein eigenes Ritual. Was hilft dir, zur Ruhe zu kommen? Probiere einfach mal aus, wie du am besten mit Gott ins Gespräch kommst. Hilft dir vielleicht das Führen eines Gebetstagebuchs? Das Anzünden einer Kerze, das Aufstellen eines Kreuzes? Ein Spaziergang in der Natur?

Der Erlös aus diesem Büchlein wird folgendem Verein
gespendet:

Soziale Projekte Stark für Menschen e.V.

Infos unter: www.fcg-ahaus.de

Ziele des Vereins sind:

- Förderung des Christentum

- Förderung der Entwicklungshilfe

Spendenkonto

Sparkasse Westmünsterland

DE58 4015 4530 0052 3008 29